AF319577

L'IDENTITÉ DES RÉCIDIVISTES

ET

LA LOI DE RELÉGATION

PAR

Alphonse BERTILLON

(Extrait des *Annales de Démographie internationale*)

PARIS

G. MASSON, ÉDITEUR

LIBRAIRE DE L'ACADÉMIE DE MÉDECINE

120, boulevard Saint-Germain

1883

L'IDENTITÉ DES RÉCIDIVISTES

ET LA LOI DE RELÉGATION (1)

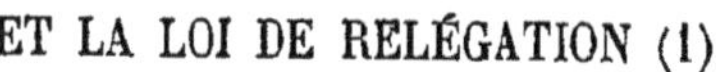

CHAPITRE I

INSUFFISANCE DES MOYENS ACTUELLEMENT EMPLOYÉS POUR DÉTERMINER L'IDENTITÉ DES RÉCIDIVISTES

Ce n'est pas tout que de faire une loi contre les récidivistes ; il faudra ensuite l'appliquer.

Pour condamner un récidiviste à la relégation, la première condition est de reconnaître son identité. Si un individu condamné autrefois

---

1. Les *Annales de Démographie* ont publié l'année dernière sous le titre : une *application pratique de l'anthropométrie*, les bases scientifiques du procédé d'identification que nous allons examiner aujourd'hui sous le côté judiciaire. Ce premier mémoire a eu un succès inespéré. Toute la presse française scientifique et politique en a reproduit les conclusions; le gouvernement italien l'a fait traduire *in extenso* dans une de ses publications officielles. Des revues de législation anglaises et allemandes en ont fait paraître des comptes-rendus. Le célèbre mathématicien Lexis lui a consacré une analyse de plusieurs pages, dans laquelle il a bien voulu nous indiquer quelques modifications à apporter dans notre procédé de classification de photographies, modifications que nous nous sommes empressé d'adopter. Dernièrement, le *Bulletin de la Réunion des Officiers* proposait de joindre sur les livrets militaires les signalements par mensurations au signalement ordinaire. Enfin l'administration française que l'on se plaît en France à représenter comme si routinière, a mis notre méthode en application depuis le commencement de cette année. Un panneau d'une douzaine de photographies présentant un résumé de la nouvelle méthode d'identification, a été envoyée par la Préfecture de police de Paris, à l'exposition d'Amsterdam. Nous avons bon espoir que les administrations des puissances étrangères feront bon accueil à cette application de l'anthropométrie.

Cependant les observations des personnes compétentes, les enseignements pratiques puisés au milieu des applications administratives que nous avons été appelé à surveiller, ont sur beaucoup de points modifié nos aperçus, en même temps que nous nous convainquions plus intimement de la nécessité de notre méthode. Aussi croyons-nous être agréable aux lecteurs des *Annales* en reprenant la question *ex principio*, tout en renvoyant pour toutes les questions techniques et anthropométriques à notre première étude.

Les principaux passages du présent article ont concurremment paru dans la *Revue politique et littéraire* (nº du 28 avril 1883).

sous le nom de **Pierre**, soutient qu'il s'appelle Paul et qu'il est vierge de toute condamnation, comment pourra-t-on soupçonner son mensonge ? Comment pourra-t-on le démontrer ? Voilà le problème qui nous occupera dans cette étude. Tant qu'il ne recevra pas de solution, la loi contre les récidivistes sera d'une application difficile et limitée, qu'on ne s'y trompe pas.

M. Frédéric Thomas proposait dernièrement dans la *Revue politique et littéraire* (1), de contraindre les récidivistes à porter sur eux un carnet d'identité qui permît de constater rapidement qui ils étaient et le nombre de condamnations qu'ils avaient encourues. Cette proposition d'un des membres de notre parlement les plus compétents sur la matière, dévoilait le mal dont souffre l'instruction judiciaire depuis une trentaine d'années, mais elle n'y porterait pas, selon nous, un remède suffisant.

Au siècle dernier, les changements de noms étaient rares et l'on s'en préoccupait peu. C'est à peine si notre Code pénal en parle. L'exemple le plus connu est le fameux forçat Cognard, qui endossa la personnalité de Comte de Sainte-Hélène et dont le crâne, conservé aux archives de l'ancien bagne de Brest, est un des mieux conformés que connaisse la crâniologie moderne. Balzac, qui, pour apprendre la police de son temps, s'était lié avec Vidocq, a tiré un effet dramatique des changements d'identité dans son personnage de Collin, dit Vautrin.

Depuis, le procédé a été vulgarisé par les romanciers de dernière catégorie qui remplissent la devanture des kiosques en se recopiant les uns les autres à des intervalles de plus en plus rapprochés. Il n'y a plus de *pègre* de seize ans qui ne sache à propos changer de nom. On ne pourrait compter les garnis des faubourgs de Paris où la vente des pièces d'identité se fait ouvertement. Que l'on interroge sur ce point les chefs d'atelier des établissements insalubres, fabriques d'engrais, de blanc de céruse, etc. Il leur arrive fréquemment de chasser de leurs chantiers, pour cause de détournement, des individus qu'on retrouve à l'embauchage quinze jours après, avec des papiers en règle, mais sous d'autres noms.

Ce qui se fait sur les chantiers est d'un usage courant dans les prisons. Les *faits divers* communiqués aux journaux par la préfecture de police sont remplis d'anecdotes de ce genre, qu'on dirait copiées sur le même thème et parmi lesquelles nous détachons au hasard la suivante :

1. N° du 25 novembre 1882.

« *Un faux casier judiciaire.* — Dernièrement un honnête garçon
« du nom de R..., en instance pour obtenir un emploi dans une
« administration publique, demanda au greffe du tribunal un extrait
« de son casier judiciaire.

« Quel ne fut pas son étonnement d'y voir figurer une condamna-
« tion datant de 1878 pour mendicité en bande! Il adressa immé-
« diatement une protestation à qui de droit. Après de longues et
« minutieuses recherches, on découvrit qu'un nommé Barisset,
« mendiant de profession et chiffonnier par intermittence, s'était
« attribué les noms et prénoms du plaignant. En poussant plus loin
« les investigations, on découvrit encore que ce même individu avait
« été condamné quatre fois sous le nom de Mangeot. Quant à son
« casier judiciaire, il était d'une blancheur immaculée!

« L'enquête se poursuit pour savoir si cet habile industriel n'a pas
« encore fait endosser à d'autres personnes innocentes des délits que
« lui seul a commis. »

Dans les prisons de Paris, on reconnaît par jour jusqu'à six à huit
chevaux de retour comme ayant donné de faux noms, et, de l'avis des
personnes compétentes, plus des trois quarts réussissent à tromper
l'habileté des agents.

Ces faits sont si connus du monde des voleurs que l'on cite des
exemples authentiques d'individus recherchés par la police pour assassinat qui, de propos délibéré, ont commis de menus délits pour se
faire incarcérer et se cacher au Dépôt sous de faux noms!

Et pourtant la législation en vigueur jusqu'aujourd'hui n'impose
une aggravation de peine que pour les récidivistes expulsés de France,
éloignés de Paris ou condamnés antérieurement à plus d'un an de prison. La grande majorité des prévenus ne se trouve pas dans ce cas.

Bien plus, beaucoup se vantent, à leur première entrée en prison,
d'être récidivistes. C'est que l'administration pénitentiaire, dans un
but facile à comprendre, réserve les cellules dont elle peut disposer
pour les individus qui n'ont point encore de condamnations, et envoie
les *chevaux de retour* qui sont contaminés plus profondément dans les
quartiers et les dortoirs en commun, où le temps de la peine se passe
plus gaiement. Les apprentis malfaiteurs connaissent ces réglements
et cherchent, en se vantant de condamnations qu'ils n'ont pas encourues, à éviter autant que possible la cellule, qui leur fait horreur.

Quant à ceux qui ont intérêt à cacher leur nom, quels sont les
moyens dont on dispose pour leur faire avouer leur identité?

Depuis longtemps la préfecture de police a mis l'affaire en entreprise : une prime fixe de 5 francs est allouée à tout inspecteur ou gardien de prison qui arrive à découvrir qu'un prévenu « s'est donné sous un faux nom. »

Naturellement le zèle de chacun est tenu en haleine par cette somme relativement forte qui représente le salaire de plus d'une journée. Aux heures d'arrivée des voitures cellulaires, les entrants sont dévisagés un à un. Ce sont alors des interrogatoires sommaires, des pièges grossiers : « *Ah, te revoici ! Comment, c'est encore toi ! ici !* » Si c'est à un vieillard que l'on s'adresse, on préfère lui dire d'un ton goguenard : « *Comme il y a longtemps que nous ne t'avons vu, mon vieux !* » Ce « longtemps » peut vouloir dire un mois tout aussi bien que dix ans.

Deux ou trois fois par jour (sur deux cents à deux cent cinquante entrées journalières), quelques récidivistes naïfs se laissent prendre à ces marques d'amitié : « *Tiens, vous me reconnaissez donc ? Je n'ai pourtant pas dit mon nom !* »

L'aveu de l'inculpé est indispensable pour pouvoir toucher les cinq francs de prime, et il est préférable de profiter de l'effarement du récidiviste qui se croit reconnu, pour lui arracher son vrai nom, que de lui laisser le temps de la réflexion.

Les entrants qui échappent à ces *trucs*, soit parce qu'ils les devinent ou les connaissent déjà, soit parce qu'ils n'ont jamais été arrêtés précédemment, sont ensuite interrogés séparément et soumis à de nouvelles épreuves. Ils ont d'abord à répondre à des demandes indéfiniment répétées sur leurs noms et prénoms, puis sur ceux de leur père, mère, grands pères, grand'mères, etc. On a ensuite recours pour ceux qui paraissent mettre quelques hésitations dans leurs réponses, au « coup du faux sommier judiciaire. » — « *Ah, vous prétendez que vous vous appelez Bernard Paul, né à Paris, telle année ; eh bien, vous n'avez pas de chance : voici le sommier de ce Bernard que vous prétendez être ; regardez-le !* » Et, ce disant, on présente à l'individu que l'on soupçonne d'avoir pris un faux nom, une fiche au nom de Bernard et couverte de condamnations. Naturellement cette fiche « de circonstance » a été fabriquée, séance tenante, derrière le dos de l'inculpé. Si la comédie est bien jouée et si l'individu ainsi mis à l'épreuve est réellement en défaut, le tour réussit souvent. « *C'est juste,* répond-il, *je suis tombé sur un mauvais nom ; ça sera pour une autre fois !* » Et il donne son véritable état civil, à moins toutefois qu'il n'en invente un nouveau sur le champ...., et alors tout est à recommencer. Il n'est pas rare de rencontrer des prévenus qui, en une instruction de quelques semaines, trouvent le moyen d'avouer quatre ou cinq noms différents sans que finalement l'on puisse connaître le véritable.

On a bien, il est vrai, la ressource d'écrire au maire de la commune ou au tribunal de l'arrondissement dont l'individu se déclare originaire, pour s'assurer si la naissance qu'il déclare figure réellement sur les registres.

Pour les individus natifs du département de la Seine, — ce sont eux qui, à Paris, forment encore près de la moitié des prévenus, — la ressource n'est pas grande. Un employé du greffe du tribunal de Paris nous disait dernièrement que près du tiers des états civils qu'il vérifiait à la demande des tribunaux correctionnels ne figuraient pas sur le répertoire. Et l'on se représente difficilement la complication de ces recherches : les listes alphabétiques de chaque volume, confectionnées par chaque mairie, sont fondues tous les dix ans en un répertoire unique, mais par arrondissements seulement ; de sorte que, si un individu ignore l'arrondissement de Paris où il est né, on est forcé, pour contrôler ses dires, de compulser les vingt répertoires. La recherche devient alors presque impossible pour peu que les noms et prénoms soient communs ; il y a des piles montant jusqu'au plafond de Bernard, Benoit, Duval, Martin, Bertrand, etc... C'est un véritable fouillis.

Ajoutez à cette difficulté que tous les registres de l'état civil de Paris jusqu'en 1859 ont été sans exception brûlés sous la Commune. De ces actes anéantis, il y en a à peine un reconstitué sur vingt ! Du moment qu'un individu paraissant âgé de plus de 22 ans se dit né à Paris, il peut déclarer n'importe quel nom, inventer n'importe quel état civil, sans qu'il soit possible de lui prouver, pièces en main, qu'il ment.

Ces vérifications d'état civil sont si longues et si aléatoires que, pour la grande majorité des individus arrêtés, on n'y a pas recours. Pour pouvoir le faire, il faudrait décupler pour le moins le personnel des bureaux. Aussi se contente-t-on, dans les affaires sans importance, d'une simple vérification aux sommiers judiciaires (1). Qu'un forçat

---

1. Les *sommiers* judiciaires tenus à la préfecture de police sont un répertoire central par ordre alphabétique des noms de tous les individus condamnés par les tribunaux français. Les *casiers* judiciaires, au contraire, ne concernent que les individus nés dans l'arrondissement. Toutes les recherches aux casiers judiciaires de l'arrondissement sont précédées d'une vérification aux registres de l'état civil,

échappé, arrêté pour vagabondage, se donne un état civil de fantaisie
en disant — c'est là le point important — qu'il n'a jamais subi de
condamnation, et il est sûr d'être relâché dans la journée suivante,
aussitôt que le bureau des sommiers aura répondu par le mot : « Inconnu » à la demande de recherche basée sur le faux état civil. Il
faut ajouter que beaucoup de ces *chevaux de retour* qui se donnent
sous faux noms craignent de ne pas être crus en n'avouant aucune
condamnation. Il leur semble impossible, à eux qui en comptent de
dix à vingt, qu'on puisse n'en pas avoir subi, et ils en avouent une,
toute petite, de quelques mois, il y a bien longtemps. Et c'est là ce
qui les perd : la note aux sommiers judiciaires n'en revenant pas moins
avec la mention : « Inconnu », il devient évident qu'il y a eu erreur
soit du côté du bureau, soit dans l'état civil déclaré..., et la tromperie
se découvre. *Audaces fortuna juvat.*

Faire semblant d'ignorer son état civil, ou en déclarer un qu'il est
impossible de vérifier, éveille toujours les soupçons d'un juge d'instruction, surtout pour une affaire grave ; aussi les malfaiteurs intelligents préfèrent-ils s'en procurer un bien et dûment existant. C'est
ainsi qu'entre autres avait agi le nommé Barisset, dont nous avons
raconté plus haut les métamorphoses. Rien n'est plus facile. L'article
45 du Code civil ne dit-il pas :

« *Toute personne pourra se faire délivrer par les dépositaires des
registres de l'état civil des extraits de ces registres. Ces extraits feront
foi jusqu'à inscription de faux.* »

D'un autre côté, comme il n'est jamais fait mention du décès d'une
personne au regard de son acte de naissance, il suffit, pour se
procurer des papiers en règle sans risquer d'être inquiété dans
la suite par une confrontation gênante, de demander à une mairie
l'acte de naissance d'un individu né à peu près à la même époque que
soi, mais décédé depuis longtemps dans un autre département. L'état
civil de l'un des dix mille nouveaux-nés de Paris que l'on envoie an-
nuellement mourir en province fait parfaitement l'affaire, surtout s'il
est de père et de mère inconnus ou ultérieurement décédés.

Une fois en possession d'un acte de naissance que toutes les administrations ont la naïveté de regarder comme une pièce établissant l'i-
dentité, quoique, de par la loi, le premier venu puisse se procurer

---

dont les doubles sont concentrés au greffe du tribunal. Pour que cette dernière
vérification fût possible aux sommiers, il faudrait, chose impraticable, que des
doubles de tous les registres d'état civil de France fussent concentrés à la préfecture de Police.

l'acte de naissance de n'importe qui, une bonne précaution à prendre est de demander l'extrait de son casier judiciaire. Le parquet compétent le délivrera immédiatement sur la présentation du susdit acte de naissance, sans même exiger de signature en échange. Le repris de justice, une fois rassuré sur les antécédents possibles de sa nouvelle personnalité, pourra continuer son incarnation en régularisant sa situation militaire, en se faisant inscrire comme électeur, etc...

La société humaine, qui se déclare solidaire, tient un compte moins exact des existences dont elle est responsable que la Belle-Jardinière des pantalons, qu'elle vend... Comme nous venons de l'expliquer, les *sorties* ou morts ne sont pas pointées au registre des *entrées* ou naissances. Si vous êtes sans parents et inconnu des badauds de Paris, vous pouvez pourrir ou, mieux, geler sur les plaques de la Morgue sans que jamais la comptabilité publique s'inquiète de votre absence. Mourez dans votre lit et que votre décès soit dûment enregistré à la mairie de votre domicile, un faussaire n'en pourra pas moins s'emparer de votre nom et le déshonorer après votre mort. Bien heureux s'il ne le fait point de votre vivant !

C'est ainsi que dernièrement un malfaiteur déjà marié, après s'être fait délivrer, moyennant 2 fr. 10 c. de timbre, l'acte de naissance du Comte de V..., réussit à épouser devant M. le maire, sous son nouveau nom et avec tous ses titres nobiliaires d'emprunt, une riche héritière de province. Il fallut pour que l'imposture fût dénoncée que la première femme vînt réclamer ses droits.

Mais combien n'ont ni femme ni parents pour dévoiler leurs supercheries ou confirmer leurs déclarations ! Être abandonné sur le pavé de Paris, sans amis, constitue-t-il un délit d'un genre particulier? Trente fois par jour, la police et, après elle, la justice acceptent, faute de mieux, des états civils douteux. Cet embarras ira toujours en augmentant à mesure que la population flottante de Paris s'accroîtra, que l'instruction pénétrera plus profondément dans les masses et que les procédés de police deviendront plus légaux.

Ce n'est que dans les cas exceptionnels qu'on a recours au grand jeu : l'exposition du prévenu dans les différentes prisons de Paris devant tous les gardiens et détenus réunis, ou encore sa promenade entre deux agents dans les principaux garnis de Paris, où il est dévisagé par tous les *indicateurs*, etc., etc... Pour éviter ces déplacements, on le fait encore photographier et l'on envoie son portrait dans toutes les prisons de France.

Voici un fait divers communiqué à la presse, qui relate un cas de ce genre :

« *Une nouvelle enquête.* — Nous avons fait connaître l'arrestation
« d'un individu nommé Rigault, qui engageait au Mont-de-Piété des
« bijoux volés. Cet individu, qui, avec sa maîtresse, habitait un ap-
« partement dans le faubourg Poissonnière, qu'il avait loué sous le
« nom de Dejean, a refusé jusqu'ici de faire connaître son identité.

« Son mutisme fait supposer qu'on se trouve en présence d'un
« homme ayant des choses graves dans son passé. On est à peu près
« certain qu'il était le chef d'une bande de voleurs et qu'il se char-
« geait de réaliser la valeur des objets qui avaient été volés.

« Rigault, ou Dejean, est actuellement écroué préventivement à la
« prison de Mazas. Il occupe une cellule double avec un *mouton*,
« c'est-à-dire un condamné chargé de l'épier et de l'empêcher de se
« suicider.

« Pendant son passage au Dépôt, M. Macé, chef de la sûreté, l'a
« fait photographier. Cette photographie a été tirée à plusieurs
« exemplaires qui vont être envoyés dans toutes les prisons et maisons
« centrales de France pour savoir si Rigault est reconnu par des
« condamnés ».

La police de sûreté de Paris reçoit journellement de province des
photographies d'individus accusés de crime et que l'on garde sous
les verrous depuis des mois sans pouvoir arriver à connaître leurs
véritables noms. Presque toujours ces démarches *in extremis* restent
sans résultats et ces photographies sont retournées au Parquet avec
la mention : « Inconnu dans les prisons et dans les services de la préfecture de police ».

Il suffit, pour se rendre compte de la difficulté de ces sortes de *reconnaissance*, de penser au nombre considérable d'individus qui tra-
versent les prisons de la Seine (deux cents à deux cent cinquante entrées par jour au Dépôt !) et au changement que produit dans l'extérieur d'un individu la coupe de barbe et de cheveux qui est d'ordonnance pour les condamnés, mais que les prévenus ont garde de se
laisser appliquer.

Que deviennent dans ces conditions les sommiers et casiers judiciaires qui nécessitent un si nombreux personnel? Ce sont les malfaiteurs qui salissent les casiers des honnêtes gens, tandis que les leurs
restent immaculés !

La situation des récidivistes étrangers devant notre justice mérite aussi une mention spéciale. La police de Londres se déclare incapable de déterminer l'identité des pick-pockets anglais ou américains que nos agents ramassent à Paris. Depuis longtemps les voleurs internationaux qui voyagent de capitale en capitale refusent obstinément, quand ils sont arrêtés, de donner aucun renseignement sur leur famille. D'ailleurs, tous les états civils qu'il leur plairait de se donner pourraient passer pour bons, la plupart des nations étrangères n'ayant pas avec nous de traité pour l'échange de ces pièces. Un même prussien peut raconter à nos tribunaux, la première fois, qu'il est Berlinois, et, six mois après, se dire natif de Leipzig ou même de Vienne en donnant un tout autre nom. Moyen commode pour échapper aux peines qui frappent les infractions aux arrêtés d'expulsion. La seule nationalité à laquelle il ne lui est point permis de prétendre est celle d'Alsacien-Lorrain, une convention spéciale autorisant, croyons-nous, l'échange des pièces d'états civils entre la France et ses provinces perdues. C'est ce qui a dû faire le malheur de ce pauvre Badois, un des admirateurs de Louise Michel sur l'esplanade des Invalides, qui avait cherché à apitoyer nos juges en prenant le faux nom de Geyer et en se disant Alsacien. L'affaire ayant été renvoyée à huitaine, on a eu le temps de s'assurer qu'il n'avait aucun droit ni au nom de Geyer ni à la nationalité d'Alsacien-Lorrain, et on l'a condamné sous le nom de Barscherer, se disant originaire du grand Duché de Bade, à un mois de prison et à quinze francs d'amende (14 mars 1883). Il est vraisemblable qu'à sa sortie de prison il sera expulsé du territoire français.

Cette peine lui sera légère. Des personnes compétentes estiment qu'il y a peut-être à Paris dix mille étrangers expulsés de France à différentes époques et qui y sont revenus sous des noms d'emprunt. La suppression à peu près générale de l'obligation des passeports pour voyager en France et à l'étranger a encore facilité cette supercherie. Les inspecteurs de police qui sont chargés de veiller à l'exécution de ces jugements et d'accompagner jusqu'à la frontière les malfaiteurs expulsés, racontent qu'il leur arrive quelquefois de retrouver à Paris, à la gare d'arrivée, les individus qu'ils avaient, la veille, conduits hors de France : expulseurs et expulsés reviennent par le même train... Mais chaque voyage d'inspecteur coûte plus de trente francs au gouvernement français !

En résumé, si nous mettons de côté les *trucs* de police dont nous avons parlé, la seule arme efficace que la justice ait jusqu'à présent entre les mains pour triompher de tous ces changements d'identité réside dans la possibilité d'allonger indéfiniment le temps de la prison préventive. Quand le prévenu, qui sait que le temps passé en prévention n'est pas déduit de la durée de la peine, a acquis la persuasion que son juge a l'intention de le garder sous clé aussi longtemps qu'il n'aura pas accouché d'une identité admissible, il est bien près « d'entrer dans la voie des aveux. »

Combien de fois n'arrive-t-il pas que l'on allonge ainsi indûment la période de souffrance d'un innocent ou encore d'un criminel qui a avoué son véritable nom ?

Mais la prison préventive conservera-t-elle encore le privilége de faire desserrer les dents, quand la condamnation en perspective, au lieu de consister en quelques mois de prison, entraînera la relégation indéfinie en Nouvelle-Calédonie ? Nous savons bien que le voyage en tentera quelques-uns ; mais ce ne sont pas les émigrés volontaires que vise la loi en préparation. Ceux à qui le voyage déplaira et qui se verront pris en flagrant délit de fausse identité se renfermeront dans un mutisme obstiné. Six mois, un an de prison ne les effrayeront plus. Est-ce que le temps des préparatifs et du voyage en mer n'est pas tout aussi long, et n'est-il pas plus agréable de faire douze mois dans une cellule de son pays, bien nourri et assez bien chauffé, que de les passer prisonnier sur un navire ou sur les bords d'une plage.

Et, au point de vue de la légalité, ignorer son état civil constitue-t-il un délit : « On m'a toujours appelé Martin ; quant au reste, je ne me rappelle ni où ni quand je suis né, ni les prénoms que l'on a bien voulu me donner. »

Les gamins qui de bonne foi, ignorent leur état civil ne sont pas rares à Paris. Va-t-on, sous le soupçon qu'ils peuvent bien être des récidivistes déguisés, les déporter en masse ?

Nous savons bien que la préfecture de police fait photographier depuis plus de huit ans tous les prévenus de droit commun qui lui passent par les mains afin d'avoir une preuve de leur identité. La belle avance ! Savez-vous qu'en huit ans la police a collectionné plus de 75,000 cartes, tant hommes que femmes, qui représentent l'ensemble de la population criminelle de Paris ? Voulez-vous que, pour chaque inculpé qu'on lui amène, elle examine successivement ces 75,000 cartes ? C'est absolument impossible. Un haut fonctionnaire de la police disait un jour à l'un de nos amis : « Sauf une centaine d'assassins redoutables dont les portraits sont exposés dans nos salles et que tous nos agents connaissent, on peut dire que nos cent mille photographies ne nous servent à rien du tout. Nous ne pouvons mettre la main dessus que lorsque l'accusé a avoué son véritable nom, c'est-à-dire quand nous n'en avons plus besoin. »

CHAPITRE II

DES PHOTOGRAPHIES ET DE LEUR CLASSEMENT SUIVANT LE SYSTÈME DE L'AUTEUR

On le voit, faute d'une classification convenable, les services que peuvent rendre ces photographies sont bien restreints. Certes, elles permettent de contrôler les dires d'un individu qui s'avoue récidiviste; mais, pour cela, point n'est besoin de photographie : du moment que vous possédez son nom exact, les répertoires de la préfecture vous donnent la date et le lieu de ses incarcérations précédentes, un signalement assez complet, avec cicatrices, tatouages..., de quoi, en un mot, confirmer ou infirmer les déclarations du prévenu. Toute la difficulté est d'arriver à un nom probable, et c'est là ce que la photographie seule ne peut pas faire.

Dans les premiers mois qui suivirent l'organisation de la photographie judiciaire, on essaya un système de classification qui échoua piteusement, mais qui mérite d'être rappelé en ce qu'il prouve que la nécessité d'un classement autre que l'alphabétique a été reconnu depuis longtemps.

Dans ce répertoire, les photographies étaient classées suivant le genre du délit de l'inculpation. Les *pick-pockets*, les dévaliseurs de chambres de bonnes, les voleurs à l'étalage, les amateurs de déjeûners sans payer, avaient chacun des rayons séparés. Arrêtait-on, par exemple, un voleur en flagrant délit dans un bureau d'omnibus, on avait recours à la section des pick-pokects, et l'on cherchait parmi les photographies précédemment classées, s'il ne s'en trouvait pas une ressemblant à l'individu arrêté. N'en trouvait-on pas, on devait toujours supposer que l'individu examiné avait pu être arrêté précédemment, mais pour un autre délit.

Comme il était facile de le prévoir, ces catégories n'ont pas tardé à être surchargées, encombrées de doubles emplois et inabordables en raison de leur nombre. — Il y a longtemps qu'elles sont tombées en désuétude.

Voici, en quelques mots, la méthode de classification de photographies que nous avons proposée pour remédier à ces désidérata et qui est mise en essai depuis plusieurs mois à la préfecture de police.

Les photographies sont d'abord partagées, suivant le sexe : les hommes d'un côté, les femmes de l'autre. Ces dernières, beaucoup moins nombreuses que les hommes, n'atteignent pas 20,000.

Quant au groupe des 60,000 hommes restant, nous supposons qu'on puisse le partager en trois divisions basées sur la taille, savoir les individus :

De taille petite,   comprenant environ 20,000 photographies.
   »   moyenne,   »   »   20,000   »
   »   grande,   »   »   20,000   »

Pour que ces trois divisions soient approximativement égales, il faut évidemment que la série des tailles moyennes soit moins étendue que celle des petites ou des grandes et ne comprenne, par exemple, que les individus de 1^{m}62 à 1^{m}67, tandis que la catégorie des grandes tailles comprendra tous les individus plus élevés, depuis 1^{m}68 jusqu'au géant de 2^m, et celle des petites tailles, tous les individus depuis 1^{m}61 jusqu'au lilliputien de 1^m quelques centimètres.

Chacune de ces trois divisions primordiales devra ensuite être partagée *suivant le même principe*, et, sans plus s'occuper aucunement de la taille, en trois séries suivant la longueur de la tête d'un chacun. Ces nouvelles subdivisions, au nombre de neuf, ne contiendront plus alors, savoir :

Celles des têtes *petites*,   que 6.000 photographies et quelque chose ;
   —   *moyennes*,   6.000   —   —
   —   *grandes*,   · 6.000   —   —

Ces subdivisions de 6.000 seront elles-mêmes partagées en trois groupes suivant la longueur du pied et compteront alors chacune, savoir :

Celles des pieds *petits*,   2.000 photographies
   —   *moyens*,   2.000   —
   —   *grands*,   2.000   —

La longueur des bras étendus en croix ou grande envergure nous donnera une quatrième indication qui divisera encore chacun des paquets de photographies précédents en trois et les réduira à des séries de 600, que l'on pourra encore rediviser en des éléments plus petits en prenant pour base l'âge approximatif de l'individu, la couleur de ses yeux et la longueur de son doigt médius.

C'est ainsi qu'au moyen seulement de quatre coefficients anthropo-métriques nouveaux (le sexe, la taille, l'âge et la couleur des yeux ont été relevés de tous temps), la collection des 75,000 photographies de la préfecture pourra être divisée en groupes d'une cinquantaine de photographies qu'il sera dès lors facile de parcourir rapidement.

Supposons donc que d'ici à quelques années, quand ce catalogue spécial contiendra déjà plusieurs dizaines de milliers de photographies, on arrête un malfaiteur qui cache son nom et que l'on veuille savoir s'il a déjà été mesuré ou photographié : on prendra sa taille exactement, et l'on saura déjà dans quelle série de cartons on trouvera son portrait. La longueur de sa tête désignera plus spécialement l'un de ces cartons. La longueur de son pied, de sa grande envergure, la couleur de ses yeux permettront d'arriver à l'endroit précis où doit être rangée cette photographie.

Rien de plus simple et de plus rapide que la prise de ces mensurations. C'est une opération qui demande de deux à trois minutes et qui est à la portée de l'intelligence de nos sergents de ville. Tandis que le moindre chapelier possède dans son magasin trente-deux numéros de pointure pour ses chapeaux, le cordonnier une vingtaine pour ses souliers, nous ne distinguons jamais que trois catégories : les *grands*, les *moyens*, les *petits*, et la façon de relever chaque indication est calculée de manière à ce qu'il soit impossible à l'opérateur de se tromper, et à l'opéré de tromper l'opérateur.

Mais, me direz-vous, où placerez-vous et où rechercherez-vous dans la suite la carte d'un individu qui aurait une mensuration juste sur la limite de vos divisions ! tel serait le cas, par exemple, d'un homme ayant une taille de 1ᵐ68. Si vous le placez dans la catégorie des tailles grandes de 1ᵐ68 à 2ᵐ, il est à craindre que, quelques années après, les progrès de l'âge n'affaissent sa taille de 1 centimètre, que vous ne lui trouviez plus que 1ᵐ67 et que vous soyez ainsi amené à le rechercher dans les tailles moyennes de 62 à 67.

Il faudrait, dans ce cas, et toutes les fois qu'une mensuration approcherait assez de la limite pour pouvoir donner lieu à une erreur subséquente, classer une photographie dans chacune des divisions limites, absolument comme dans un dictionnaire, on intercale des rubriques à des places différentes pour les mots qui ont plusieurs orthographes.

Ce système est calculé pour servir au classement d'environ 100,000 photographies. Il en résulte que, si on l'essaye sur un petit nombre d'individus, un millier par exemple, la plupart des cases finales de la classification resteront vides, ou ne contiendront qu'une ou deux fiches et qu'il deviendra possible de reconnaître les individus mesurés à la seule vue de leurs mensurations. C'est ce qui est arrivé dernièrement au dépôt de la préfecture, au cours de l'essai que M. le préfet de police a bien voulu faire faire de cette méthode d'identification. L'agent détaché à ce service, et auquel nous avions donné quelques instructions, avait déjà mesuré et classé, dans l'espace de six semaines, plus de mille prévenus, mais sans avoir de photographies à l'appui, lorsqu'il fut frappé, en distribuant dans le répertoire les fiches de sa journée, de rencontrer une carte au nom de *Sourd Jean Marie*, né à Dijon, classée depuis un mois et qui portait les mêmes chiffres que celle d'un individu entré et mesuré le jour même sous le nom de *Martin Pierre*, né au Mans. Le dit Martin, rappelé immédiatement, commença par nier énergiquement avoir jamais été au dépôt précédemment et ne se décida à avouer « qu'il n'était autre que le nommé Sourd » que lorsqu'on lui eut mis sous les yeux son portrait du mois précédent, qu'on était allé emprunter au service photographique. Cet individu venait d'être l'objet, à Mazas, sous son premier nom, d'une instruction toute spéciale qui s'était terminée par une ordonnance de non lieu. L'agent, informé de ces détails, profita de la surprise du prétendu Martin en se voyant reconnu, pour lui faire avouer finalement, qu'il n'était pas plus Sourd que Martin, mais bien un nommé Levêque, condamné depuis des années et en rupture de ban. Il fut impossible de remonter plus haut et de découvrir si Lévêque était son nom primitif. En tous cas, l'instruction poursuivie à Mazas contre le nommé Sourd était à réviser.

Le même agent, mis en train par ce premier succès, découvrait, quelques jours après, un nouveau double emploi assez imprévu. Il s'agissait d'un bègue, qui, involontairement du reste, avait à sa première arrestation très mal articulé ses qualités, et il en était résulté qu'à sa seconde, deux mois après, étant moins ému et son nom étant mieux sorti de sa bouche, on allait lui recommencer fiche, photographie et le reste sous son nouveau nom, si l'identité des mesures n'avait éveillé l'attention de l'employé, qui prévint les services compétents.

Tout récemment il découvrait qu'un fils de famille nommé J..., poursuivi pour escroquerie sur la plainte d'un de ses parents, avait été, trois mois auparavant, arrêté sous le faux nom de *Ternier* à la réquisition d'un bijoutier. Comme pour Sourd, précédemment nommé, l'affaire n'avait pas eu de suite judiciaire, ce qui avait permis à l'un comme à l'autre de reparaître au Dépôt dans un délai aussi court. Mais il est possible que la découverte de ce nom de guerre de Ternier en amenant celle d'un second domicile fasse retrouver les valeurs soustraites que l'on pourrait ainsi restituer à leur légitime propriétaire.

Comme on le voit par ces exemples, les six indications numériques qui servent de base à notre classement, constituent à elles seules un signalement meilleur qu'une description de dix pages, puisqu'elles permettent, sans aucun autre renseignement, de retrouver le nom d'un individu entre plusieurs milliers.

Ces résultats peuvent paraître au premier abord surprenants aux personnes qui savent avec qu'elle facilité les signalements ordinaires peuvent passer d'un individu à un autre quand l'écart entre les tailles et les âges n'est pas trop considérable. C'est qu'on a choisi comme à plaisir pour les rubriques de ces signalements les caractères les moins significatifs.

Il est clair que pour bien différencier les individus, il faut s'attaquer aux indications qui varient le plus d'un individu à un autre. Or, nous le demandons, quelle est la valeur signalétique de la couleur des cheveux? Sur 100 Français il y en a plus de 90 qui ont les cheveux châtains. Voilà un caractère qui n'est pas embarrassant. Autant ouvrir pour les signalements une rubrique spéciale pour la bosse : *le dénommé est-il bossu*? Comme on ne rencontre que deux ou trois bossus par mille individus, l'indication de *non-bossu* n'empêcherait pas beaucoup d'échanges de pièces.

Et que dire des autres rubriques; *visage, nez, bouche*? autant de renseignements illusoires. Un vieux militaire qui est venu terminer sa carrière dans l'administration pénitentiaire nous racontait un jour l'histoire de son signalement :

« C'était pour signer mon engagement à la mairie de Moulins.
« J'avais alors seize ans, pas un poil de barbe, figure de jeune fille.
« Le commis aux écritures qui reçut ma déclaration pouvait bien avoir
« cinquante ans de plus que moi; il était tout voûté, aveugle d'un
« œil, et ne pouvait lire et écrire de l'autre qu'au moyen d'une dou-
« ble paire de lunettes. Ce fut lui qui prit mon signalement : taille,
« 1^m 65; visage ovale; nez moyen; bouche ordinaire, etc. Ce signa-
« lement, à mon arrivée au corps, fut retranscrit sur mon livret, puis
« recopié sans un mot de changé, sur toutes les pièces, permission,
« congé de libération, passeport (le nombre en dépasse cent), qu'oc-
« casionna ma carrière tant militaire que civile. C'est un demi-aveugle
« qui me l'octroya il y aura bientôt trente ans. Cela m'est bien égal...
« mais regardez s'il est ressemblant : j'ai le teint basané, le nez
« busqué, etc. »

Tout ceci est de la paperasserie ·inutile. et l'on supprimerait les signalements sur la plupart des pièces destinées aux honnêtes gens que les inconvénients ne s'en feraient guère sentir.

La chose devient plus grave quand on prétend, dans la pratique, se servir de ces renseignements fantaisistes pour assurer l'incarcération ou la libération d'un prévenu. Les romanciers qui exploitent la corde judiciaire et policière se creusent quelquefois la tête pour faire évader de prison un de leurs personnages : rien n'est plus simple pourtant, à moins qu'il ne s'agisse d'un individu mis en cellule ou connu du personnel des gardiens. Dans les prisons de la Seine, où le mouvement des entrées et des sorties est si considérable, on libère environ une cinquantaine d'individus par jour. Voulez-vous vous échapper ? Il suffit de vous entendre, moyennant finance, avec un vagabond *sortant du jour*, qui soit environ de votre taille, et de vous présenter hardiment à sa place à l'appel de son nom. L'on vous amènera devant un greffier qui vérifiera scrupuleusement ·votre signalement sur le registre des entrées; puis, à moins que vous n'ayez un œil ou un bras de plus que votre remplaçant, les verrous de la prison s'ouvriront devant vous. Une bonne précaution à prendre est de changer de vêtements avec l'individu dont on prend la place, car, ici, c'est l'habit qui fait le moine ; le malheureux greffier, qui est toujours hanté de la peur d'une évasion, joint, toutes les fois qu'il le peut, au signalement officiel des entrants, une description sommaire de leur habillement. Mais, si les prisonniers ont remarqué ces détails, s'ils échangent de pardessus en même temps que de porte-monnaie..., alors le greffier le plus attentif est dérouté. Les évasions de ce genre ne sont pas des fictions et, malgré toute la vigilance d'un personnel surmené, on en a compté dans ces dernières années plusieurs exemples.

Pourquoi ne pas remplacer sur les registres d'écrou les signalements ordinaires par des mesures précises ? La taille est bonne à trois centimètres près : c'est un premier renseignement approximatif. Mais ce qui est encore bien meilleur et qui ne varie jamais, c'est la longueur de la tête. On peut l'obtenir, à un millimètre près, très facilement et très rapidement (au moyen d'un instrument analogue au conformateur des chapeliers) ; or, comme son écart total d'un individu à l'autre dépasse trente millimètres, l'appréciation est facile : avec la taille, on ne peut distinguer que dix catégories d'individus ; avec la longueur de la tête, on peut aller jusqu'à trente. La mensuration de la longueur de la tête constitue un caractère trois fois meilleur que la taille. Et la probabilité de trouver deux individus ayant même taille et même longueur de tête est bien petite. Avec cette nouvelle indication sur les registres d'écrou, les évasions par substitution, dont nous venons de parler, deviendraient bien difficiles.

Notre système de classification de photographies appliqué à des adolescents permettra souvent de retrouver leurs portraits bien des années après que toute ressemblance physique avec l'original aura disparu. En effet, l'ossature générale, les pieds, les bras, les mains sont fixés bien avant que les traits de la face aient acquis leur caractéristique virile et définitive. La taille seule est en retard et n'acquiert son maximum que vers vingt-trois, vingt-quatre ans; mais rien n'empêche de tenir compte de cette particularité pour les recherches ultérieures, et de diminuer par la pensée une taille donnée de quelques centimètres si l'on soupçonne que l'individu sur la sellette a pu être mesuré antérieurement, avant sa majorité (1).

---

1. Il n'est personne qui ne sache combien il est quelquefois difficile de reconnaître quelqu'un sur sa photographie. A qui n'est-il pas arrivé en feuilletant un album dans un salon de ne pas distinguer la photographie de la maîtresse de maison qui vous regardait faire en attendant un compliment?

Disons, en passant, que nous préférerions que les parquets fissent prendre les photographies judiciaires de profil au lieu de face, comme on le fait généralement. Quant il s'agit de comparer une photographie déjà ancienne avec un individu que l'on a sous les yeux, le profil nous offre la forme exacte du nez, la plus ou moins grande inclinaison du front, le creux de la racine du nez, le prognathisme, l'angle de Camper, et si le sujet est rasé, la saillie exacte de son menton; enfin vous pouvez analyser tous les détails de l'oreille, apprécier ses dimensions, distinguer si elle est bordée, si elle a une goutte prononcée, si cette goutte est collée ou détachée etc., etc. Il est plus facile de trouver deux feuilles semblables que deux oreilles identiques.

Examinons, au contraire, ce que nous donnent les photographies prises de face (toujours au point de vue de l'identification des malfaiteurs). La projection du nez n'est plus susceptible d'aucune analyse. Les caractères qui ainsi ressortent le mieux sont l'implantation de la barbe et des cheveux, la proéminence des pommettes, la rotondité des joues, tous indices que les progrès des ans, l'amaigrissement, ou la volonté, peuvent modifier à plaisir. Les cheveux tombent avec l'âge, tandis que la barbe et les sourcils vont toujours en s'épaississant. Il n'est pas défendu de se couper les cheveux courts, de se raser la barbe, de s'épiler les sourcils, etc. Reste l'expression du regard que peuvent seules donner les photographies prises de face. — Si vous croyez que les malfaiteurs s'appliquent à garder devant l'objectif de la justice l'expression du regard qui leur est naturelle! Beaucoup froncent les sourcils, plissent le front, défigurent leurs regards; tous prennent naturellement un air ennuyé, qui, certes, est de circonstance, mais qui ne leur est pas habituel.

Dans le monde, on n'aime pas les photographies prises de profil parce que l'on n'est pas habitué à voir les gens sous cet aspect : nous connaissons nos amis,

Le répertoire dont nous parlons n'a, du reste, qu'une puissance limitée. Passé cent mille cartes, les séries finales deviendraient trop nombreuses pour pouvoir être parcourues rapidement. Aussi faudrait-il au bout de dix ans retirer de la collection courante, les photographies des individus qui n'auraient point reparu dans l'intervalle, pour les replacer (en suivant le même système), dans un *répertoire-archives* auquel on n'aurait recours que dans les grandes occasions.

On pourrait d'ailleurs fondre dans une classification unique les photographies de tous les malfaiteurs de France, à la condition de remplacer les mensurations que nous avons adoptées par d'autres *prises sur le nu*, et qui présentent des variations beaucoup plus étendues d'un homme à un autre. A notre avis, cela serait ajouter une complication inutile. La police est une affaire avant tout locale. Le tribunal correctionnel d'Angers, par exemple, est toujours certain de pouvoir reconnaître les récidivistes habitant son arrondissement. Ce qu'il importe avant tout, c'est que les malfaiteurs de Paris, Lyon ou Marseille ne puissent pas reparaître dix fois de suite devant le même tribunal avec dix noms différents.

CHAPITRE III

AVANTAGES DU SYSTÈME PROPOSÉ

Des âmes sensibles, qui aiment à s'attendrir sur le sort des voleurs en oubliant celui des volés, nous reprocheront notre barbarie: « Vouloir rétablir une *marque* déguisée, cela est tout au plus digne d'un cosaque. » Cette accusation n'a rien de sérieux. Quel que soit le régime pénitentiaire de l'avenir, il est évident que la punition du coupable, ou

---

surtout pour les avoir vu causer, et quand on parle à quelqu'un, on est d'habitude placé de face ou de trois quarts par rapport à lui. Mais qu'est-ce qui empêche d'examiner de profil les repris de justice dont on recherche la ressemblance dans une collection ?

Les photographies de face ne nous paraissent présenter quelque avantage que pour les enquêtes judiciaires : un aubergiste, par exemple, reconnaîtra bien plus facilement la photographie d'un de ses clients prise de face que de profil. Rien ne serait plus simple, pour ces cas relativement rares, que de tirer deux poses, l'une de face, l'autre de profil.

Pourquoi aussi tirer ces photographies à des échelles de réduction différentes, quand il est si simple d'avoir toujours la même proportion ? Pour ce faire, il suffit de se servir d'objectifs de même numéro et de placer la chaise du patient toujours à la même distance de l'appareil.

son traitement, si vous préférez, devra différer par sa durée et par sa rigueur suivant que l'on aura affaire à une première, deuxième ou troisième faute. Il en sera toujours ainsi, il en sera même de plus en plus ainsi. Les récidivistes auront donc toujours un intérêt immédiat, pour échapper à cette graduation de la correction, à tromper, à changer de noms et prénoms. Or nous avons démontré que nos mensurations jouent, pour la reconnaissance des malfaiteurs, le rôle d'une véritable analyse qualitative. Elles diffèrent essentiellement de la *marque* en ce qu'elles ne sont une arme qu'entre les mains de la Société. L'horreur que nous inspire la *marque* réside moins dans la douleur physique de l'application que dans la dégradation qui en résulte pour l'individu. Remplacez-la par un tatouage dissimulé dans les recoins les plus cachés du corps, la douleur aura disparu, mais la flétrissure restera la même. L'individu marqué craindra toujours d'être reconnu pendant son sommeil, comme le Vautrin de Balzac, ou par sa femme, ou par son médecin, etc... Il se sentira diminué à ses propres yeux, et cet abaissement nuira peut-être à son relèvement.

Notre procédé d'identification, au contraire, réside tout entier dans la classification dont la Justice a seule le libre usage. Il ne constitue pas plus la marque que les casiers judiciaires n'en constituent une pour les individus condamnés qui portent leur nom vrai. Il épargne le malheureux qui, par un reste d'honneur et pour ne pas salir le nom de sa famille, donne un faux état civil à sa première affaire. Le principal pour la Société, c'est qu'on puisse, en cas de récidive, retrouver ce nom, vrai ou faux.

Il ne vise en rien les misérables anémiés de corps et de cerveau qui fournissent le contingent de plus de la moitié des voleurs : ceux-ci, qui n'ont ni intelligence ni métier, entrent et sortent de prison sans rien sentir, donnent leur véritable nom, ou tombent infailliblement dans les traquenards que leur tend la police.

La catégorie de criminels que notre système est surtout destiné à gêner sont les intelligents et énergiques, ayant quelque instruction, les plus coupables en un mot. La proportion dans les prisons de ceux qu'on appelle « *des habits noirs* », est plus forte qu'on ne le croit généralement : anciens négociants banqueroutiers, commis et clercs de toute sorte, échappés de séminaires ou de sacristies, etc. Beaucoup ont traversé les bas-fonds de la basoche — les statistiques judiciaires sont là pour le prouver, — ou ont étudié leur code dans les prisons. Pour tous ces experts, les tricheries savantes, que nous avons énumérées au commencement de cette étude ne sont qu'un jeu.

Tous les criminalistes reconnaissent l'utilité, pour éviter les récidives, de pardonner, d'accorder des ordonnances de non-lieu pour les premières fautes lorsqu'elles sont légères (1). Nos peines correctionnelles corrigent si peu que les malfaiteurs qui y échappent, s'amendent mieux que ceux qui y sont soumis. — Encore faut-il que la justice ne soit pas dupée, et qu'elle n'accorde pas, sous des noms différents, trois ou quatre ordonnances de non-lieu au même voleur de profession.

Chaque changement de nom — reconnu — attire généralement à son auteur, de la part du tribunal correctionnel, une condamnation à trois mois de prison. Un des avantages de notre procédé est de pouvoir être connu du prévenu sans inconvénient. C'est en cela qu'une méthode se distingue d'un *truc*. On peut même l'expliquer au prévenu en quelques mots pendant qu'on le mesure. Il sera moins tenté dans la suite d'aggraver sa situation en donnant un faux état-civil. La certitude d'être reconnu à sa deuxième, à sa troisième arrestation, retiendra mieux un apprenti malfaiteur que la perspective de peines sévères, mais aléatoires.

Il arrive tous les jours qu'un crime est commis au su de tout le monde par un individu déterminé, qui, généralement, n'en est pas à son coup d'essai et qui parvient quelquefois à dépister la police. Telle est, par exemple, l'histoire de l'assassinat de ce pauvre curé de campagne des environs de Bordeaux qui fut, il y a quelques mois, tué et dévalisé par un repris de justice qu'il avait reçu chez lui par charité. Il est à présumer que les malfaiteurs, une fois mesurés et catalogués, y regarderont à deux fois avant de commettre *ouvertement* un crime quand ils auront compris qu'ils portent toujours sur eux, dans les longueurs de leur tête, de leur pied, de leur doigt, leur nom écrit en caractères indélébiles, et que pendant des années la moindre affaire avec la police pour ivresse, rixe, etc., pourrait amener la reconnaissance de leur identité.

La police a tout avantage à remplacer ses traquenards classiques par des méthodes scientifiques. Souvent, il est vrai, les agents de la préfecture sont forcés de ruser avec leurs clients, de parler leur argot, etc. : *licet partibus sese circumdare*, disent les légistes. En toutes ces matières, la fin doit souvent justifier les moyens. Mais l'idéal à poursuivre doit être la recherche d'un jeu franc et découvert. Il faudrait que, pour toutes choses, la société future pût dire à ses ennemis : « *Voici mes armes ; Attaquez-moi !* » Jamais la ruse n'impose ; chacun

---

1. Voy. notamment les *Récidivistes*, par M. Joseph Reinach. —Un vol. Charpentier.

se croit plus fin que son voisin, surtout dans le monde qui nous occupe.

Le public aime ce qui se fait au grand jour ; c'est pourquoi de tout temps, il a préféré les gendarmes aux agents en bourgeois. Les tentatives de reconnaissance, telles qu'on les a pratiquées jusqu'à présent, sont une source de persécution pour le prévenu et lui inspirent l'idée de tromper s'il est à nouveau « pincé », en même temps que les interrogatoires auxquels il a à répondre, lui enseignent les voies et moyens de le faire. Les femmes, qui, il y a dix ans, ne donnaient presque jamais de faux noms, y ont recours maintenant presque aussi souvent que les hommes.

Toutes ces façons d'agir opèrent une véritable sélection à rebours, en ramassant les faibles et en laissant échapper les forts et les instruits.

Quant aux agents, gardiens de prison, etc., elles suscitent leur esprit de lucre et, en vertu de ce dicton, « que l'on ne prend pas les mouches avec du vinaigre, » les poussent à se mettre avec les prévenus sur un pied d'intimité, à les tutoyer, etc., ce qui ne doit pas être dans leur rôle. Un ancien employé des prisons de la Seine nous a plusieurs fois affirmé que l'allocation de 5 francs par reconnaissance, accordée au personnel, était une source continuelle d'abus et nécessitait une surveillance de tous les instants.

Mais, on ne saurait proscrire ces procédés empiriques, que si l'on peut les remplacer.

Un des avantages de notre méthode d'identification est de pouvoir être rendue obligatoire par simple mesure préfectorale. Il ressort en effet de l'ensemble de la jurisprudence relative à la matière que le signalement de tout inculpé doit être pris. Quand cet inculpé est sous mandat de Dépôt, ce signalement doit être pris *même de force* s'il est nécessaire (1). Mais aucun texte ne donne une indication précise des caractères que l'on doit relever de préférence. Voici la définition du

---

1. Voir entre autres le réglement du 27 octobre 1808 ; les articles 200 et 206 de l'ordonnance du 29 octobre 1820 ; la circulaire ministérielle du 26 août 1831, et notamment la circulaire que le ministre de l'intérieur adressait aux préfets à la date du 23 octobre 1840 : « Je vous prie d'inviter les directeurs de prison à « recueillir, avec le plus grand soin possible, tous les signes particuliers qui « affectent l'habitude du corps ; car, à l'aide de ces signes, l'individu qui ne veut « pas reconnaître, comme lui étant applicable, une condamnation antérieure, est « matériellement contraint à l'avouer. Il est surtout utile de relever les objets « représentés par le tatouage et de ne pas les signaler seulement par l'expression « générale de tatoué, etc. »

signalement la plus étendue à notre connaissance : « Description de
« la figure et de l'extérieur d'une personne avec indication des signes
« qui peuvent servir à constater son identité » (Dalloz). Cette définition peut aussi bien s'appliquer à notre procédé. L'indication de la
taille a fait de tout temps partie du signalement. Quelle différence
y a-t-il, au point de vue légal, entre prendre la taille ou la longueur
du pied d'un individu ? L'indication de *nez moyen*, *nez petit*, *visage
ovale*, *etc.*, signifie-t-elle autre chose que nez ou visage de *tant ou
de tant de centimètres* ? Les rubriques du signalement n'ont jamais été
en nombre immuable ; elles varient d'une préfecture à une autre et
même dans l'intérieur de la préfecture de police, d'un bureau à un autre.
C'est ainsi que le cinquième bureau de la première division relève la
grandeur des oreilles sur les signalements des livrets de nourrice !

En fait d'interprétation juridique, le grand juge c'est encore le public, pour lequel tout le monde travaille et dont tout le monde dépend.
Ce lieu commun est encore plus vrai quand il s'agit de mesures de
police d'une application journalière. Si l'arrêté mis en vigueur lui
déplaît, il arrive tôt ou tard à l'annihiler, soit en faisant voter une
loi spéciale, soit par une opposition de tous les instants.

Nous ne croyons pas que les administrations compétentes puissent
rencontrer de ce côté le moindre obstacle à l'adoption de notre procédé. Les récidivistes auront seuls à s'en plaindre, ce qui est bien le
moindre de nos soucis. Toute la presse française, depuis l'*Intransi-
geant* jusqu'au *Pélerin*, depuis *la République française* jusqu'au
Temps, a cité et approuvé les conclusions de l'article que nous avons
fait paraître l'année dernière dans les *Annales de Démographie*.
Nous citerons notamment M. de Parville dans le *Journal Officiel* et
le *Journal des Débats*, le Dr Bordier dans le *National*, M. Vignes dans
la *France*, M. Francisque Sarcey dans le *XIXᵉ Siècle*, etc. etc. Or il
est évident que si notre système de mensurations devait rester facul-
tatif, si la liberté de ne pas s'y soumettre était laissée aux malfaiteurs, on n'aurait pas souvent lieu de l'appliquer. L'approbation que
la presse a bien voulu lui donner, implique donc comme conséquence
l'approbation de la contrainte corporelle, si besoin est (1).

---

1. Si pour classer une photographie il est nécessaire de prendre exactement les
mensurations afin de savoir au juste sous quel coefficient, *petit*, *moyen*, *grand*,
elle doit être rangée, le cas est tout autre quand il s'agit de rechercher une photographie déjà classée. Je suppose que la police se trouve en présence d'un malfaiteur qui se donne pour un grand seigneur russe ou américain et qui refuse de
se laisser mensurer. Sera-t-il indispensable de lui passer une camisole de force

La connaissance de l'identité de l'inculpé est, de par le code d'instruction criminelle, le début de toute instruction judiciaire. Nous avons prouvé que les enquêtes de police y relatives étaient longues, coûteuses, souvent inefficaces et d'un mauvais exemple pour les prévenus qui ne cherchent pas à tromper. Comment concilier ces façons d'agir avec la loi du 20 mai 1863 qui ordonne que « tout inculpé « arrêté en flagrant délit pour un fait puni de peines correctionnel-« les, soit traduit sur le champ à l'audience du tribunal. » Comment appliquer cette dernière, prescription concurremment avec les lois projetées contre les récidivistes, si les administrations compétentes ne se hâtent pas d'adopter la classification de photographies que nous préconisons, dans les deux ou trois villes de France où s'est concentrée la population criminelle ?

Depuis bien des années le ministère de la justice a été forcé d'établir à Paris un casier judiciaire spécial où sont rangées (nous ne savons dans quel ordre) les condamnations des inconnus, c'est-à-dire de tous les individus condamnés qui ont refusé de faire connaître leur identité à la justice. Faudra-t-il attendre pour agir que ce casier contienne les fiches de tous les récidivistes de France ?

La somme des jours de prison préventive s'est élevée l'année der-

---

pour connaître la longueur de son pied ou les mensurations de sa tête. etc. Quel scandale s'il y avait une bevue de commise ! — Inutile ! Est-ce que la grandeur des souliers, les dimensions du chapeau etc., ne soint point là pour indiquer dans quelle case il faut chercher de préférence ? L'inspecteur habitué à ce service ne pourra-t-il pas apprécier à l'œil jusqu'à un certain point si l'individu a les bras courts, longs ou moyens, etc... La recherche sera plus longue, plus minitieuse, on hésitera souvent sur la division à parcourir, très souvent on sera forcé d'avoir recours aux deux divisions limites, mais enfin la recherche sera possible *sans* contrainte corporelle et se fera encore infiniment plus vite que par les procédés habituels. Cette formalité de l'identification est en elle-même infiniment plus courte et moins humiliante que les opérations similaires auxquelles les barbiers, cordonniers et tailleurs se livrent sur la personne de leurs clients. Il va de soi néanmoins que dans l'intérêt même du système, et pour ne pas le surcharger de fiches inutiles, il ne faudrait l'appliquer ni aux accusés politiques ni aux prévenus soit de rébellion, soit d'adultère, etc., dont l'identité ne saurait être mise en doute et que l'on ne saurait comprendre dans la classe des malfaiteurs.

Il arrive tous les jours qu'un malfaiteur arrêté se contente de taire son nom et son adresse pendant les premiers jours qui suivent son arrestation, afin (tout le monde sait cela) de laisser à ses complices, avertis par son absence même, le temps de fuir, ou de faire disparaître les traces de son crime ou de son recel. — Au moyen de notre système d'identification on pourra immédiatement, en le mesurant, connaître son état civil, puis trouver son adresse par les procédés habituels d'information : bureau des garnis, des brocanteurs, indicateurs, etc.

nière à plusieurs centaines d'années. Faisons en sorte qu'une fois la loi contre les récidivistes votée, ce total n'en compte pas plusieurs milliers !

Écoutez ce malfaiteur :

« Quatre individus revenant hier de la foire au pain d'épices, et ne « possédant plus un centime, voulurent quand même s'offrir un excel-« lent souper. A cet effet ils se rendirent dans un restaurant tenu « par M. G..., et montèrent dans un cabinet particulier. Ce matin, « à cinq heures et demie, le garçon leur présenta l'addition se mon-« tant à 205 francs. Trois des soupeurs s'esquivèrent successivement, « sans que leur disparition fût remarquée, mais le quatrième fut « arrêté au moment où il allait sortir à son tour.

« Cet individu, qui a été trouvé porteur d'un énorme couteau de « boucher, a été mis à la disposition de la justice. On pense être en « présence d'un dangereux récidiviste. Il a refusé de faire connaître « son état civil et a même insulté grossièrement le commissaire qui « l'interrogeait : — Vous avez certainement des *abeilles* dans le cer-« veau pour vous imaginer que je ferai connaître qui je suis. Vous « êtes payés pour savoir mon nom, et je ne vous le dirai pas ! »

Si nous mettons de côté la grossièreté de la forme, nous sommes forcé de reconnaître la justesse de ces propos. C'est trop attendre d'un « dangereux récidiviste » que de lui demander de vous racon-ter l'histoire de ses précédentes condamnations, la date et lieu de sa naissance, etc..., tout ceci pour vous faciliter l'application de vos lois et pour vous procurer les moyens de le punir plus sévèrement !

N'est-ce pas plutôt à la société à s'armer pour la chasse à l'identité à laquelle les récidivistes l'ont conviée, et que la loi de relégation va rendre générale (1) !

ALPHONSE BERTILLON.

---

1. Nous n'avons abordé dans cette étude que le côté judiciaire de notre sys-tème d'identification. Mais nous nous réservons de développer aussitôt que l'abondance des matériaux réunis le permettra, les questions d'anthropologie, et notamment d'anthropométrie que son application sur une grande échelle est appelée à éclaircir. Les essais partiels tentés jusqu'à présent ont donné sous ce rapport les résultats les plus inattendus, notamment pour la valeur relative des deux diamètres céphaliques, etc... L'anthropométrie des races françaises n'a pas encore été établie sur de grands nombres.

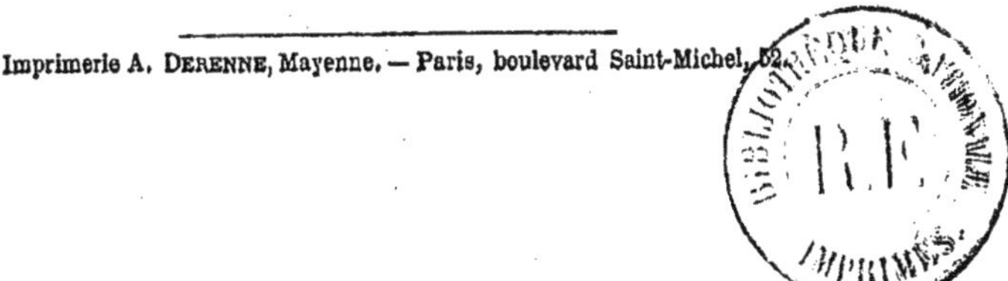

Imprimerie A. DERENNE, Mayenne. — Paris, boulevard Saint-Michel, 52.

ANNALES

DE

DÉMOGRAPHIE INTERNATIONALE

RECUEIL TRIMESTRIEL

Fondé par le Docteur Arthur CHERVIN

Directeur : **M. Jacques BERTILLON**

PRINCIPAUX COLLABORATEURS :

BERTILLON, Professeur de démographie à l'École d'anthropologie, Chef de la Statistique municipale de la Ville de Paris, ancien Président de la Société de Statistique de Paris.

BERTILLON (Jacques), Membre de la Commission de la Statistique de la Ville de Paris, Secrétaire-rédacteur de la Société d'anthropologie de Paris.

BODIO (Louis), Directeur de la Statistique générale d'Italie au ministère de l'Agriculture, du Commerce et de l'Industrie.

CHERVIN (Arthur), Membre de la Commission de la Statistique de la Ville de Paris.

FARR (William), Surintendant du Bureau du Registre Général des naissances, mariages et décès de l'Angleterre, Membre correspondant de l'Institut de France, Vice-Président honoraire de la Société de Statistique de Londres.

JANSSENS, Inspecteur du Service de Santé de la ville de Bruxelles, Membre du Conseil supérieur d'Hygiène publique de Belgique.

KÖRÖSI, Directeur du Bureau de Statistique de Budapest.

LAFABRÈGUE (René), Directeur de l'hospice des Enfants-Assistés de la Seine, Membre de la Société de Statistique de Paris.

LEVASSEUR (Émile), Membre de l'Institut, Professeur au Collège de France, ancien Président de la Société de Statistique de Paris.

LEXIS, Professeur à l'Université de Fribourg en Brisgau (Grand duché de Bade.

MANSOLAS (Alexandre), Chef de division. Directeur du Bureau de Statistique au ministère de l'Intérieur à Athènes.

MESSEDAGLIA (Angelo), Professeur de Statistique à l'Université de Rome.

MORPURGO (Émile), Professeur de Statistique à l'Université de Padoue.

PÉRY (G.), Capitaine dans l'armée Portugaise, attaché à la Direction générale des travaux géodésiques au ministère des Travaux publics.

RICOUX (René), D. M. P. à Philippeville (Algérie).

SIDENBLADH (Elis), Directeur du Bureau central de Statistique de Suède.

NOW (Edwin), Surintendant du recensement de l'État de Rhode-Island U. S. A.

VACHER, Membre de la Chambre des députés, Président de la Société de Statistique de Paris.

YVERNÈS, Chef du bureau de la Statistique au ministère de la Justice à Paris.

Les Annales de Démographie sont libéralement ouvertes à tous ceux qui ont des idées à produire, des travaux à faire connaître, des théories à présenter ou à discuter ; mais la Direction laisse à chacun la responsabilité de ce qu'il signe.

Tous les ouvrages dont il est adressé un exemplaire sont annoncés et analysés s'il y a lieu.

Prix de l'abonnement : 30 francs par an

Librairie G. MASSON, 120, boulevard Saint-Germain, Paris

Imp. A. Derenne, Mayenne. — Paris, boulevard Saint-Michel, 52.